CHARTRES

LA CATHÉDRALE ET LA VIEILLE VILLE
MALCOLM MILLER

Chevalier de l'Ordre National du Mérite
Chevalier de l'Ordre des Arts et des Lettres

Photographies de Sonia Halliday & Laura Lushington

CI-DESSUS: *Le marché hebdomadaire, rue des Changes.*

A GAUCHE: *Cette photo met en valeur le magnifique exploit des bâtisseurs médiévaux de la cathédrale gothique, ici débarrassée d'un grand nombre de ses chaises. Le labyrinthe incrusté dans le dallage de la nef est le plus grand et le mieux conservé de la France médiévale. Les pèlerins le parcouraient, probablement à genoux, en tant qu'exercice spirituel.*

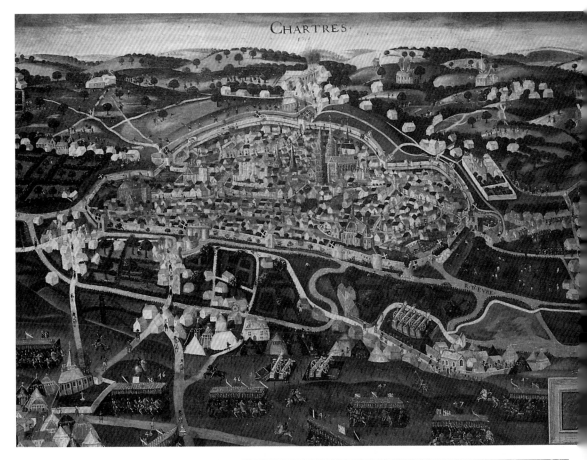

Vue de loin, la cathédrale Notre-Dame de Chartres a l'aspect d'un vaisseau mystérieux, flottant dans la brume lointaine sur des champs de blé ondoyant. Ce n'est qu'au tout dernier moment que soudain l'on découvre la ville, toute bigarrée de toitures couleur poivre, de clochetons, de pignons et de clochers. Des maisons à colombages et en pierre calcaire s'entassent dans des rues étroites et tortueuses qui descendent abruptement vers la rivière traversée par une série de ponts en dos d'âne. C'est par de tels ponts et rues que depuis mille ans les pèlerins viennent en chantant rendre hommage à la Reine du Ciel; c'est ici que vint saint Bernard pour prêcher une croisade et que Henri IV fut sacré; c'est ici, dans cette ville célèbre pour son érudition, que venaient jadis les étudiants pour écouter les maîtres de Chartres; et qu'aujourd'hui encore, pèlerins et érudits se mêlent à tous ceux qui viennent pour écouter Chartres leur parler de vérité et de beauté, du temps et de l'éternité – Chartres, cité des hommes et cité de Dieu.

Ce morceau d'étoffe, qu'aurait porté Marie lorsqu'elle donna naissance au Christ, devait bientôt faire de Chartres un des lieux de pèlerinage les plus populaires d'Europe au Moyen Age, et ses habitants savaient non seulement que la relique constituait une source considérable de revenus, mais aussi que, grâce à elle, Marie les protégeait, eux et leur ville. Ainsi, en 911, lorsque Chartres fut assiégée par Rollon, autre guerrier Viking, l'évêque Gantelme exposa la relique sur les remparts de la ville et Rollon s'enfuit. Il fit la paix avec Charles III, puis se convertit au christianisme et se vit nommer premier duc de Normandie. Son descendant, Richard de Normandie, en l'absence de Thibault le Tricheur, comte de Chartres, avec qui il était en guerre, saccagea et incendia la plus grande partie de la ville en 962.

A cette époque, les remparts s'étendaient tout le long de la crête de la colline qui domine l'Eure, depuis la cathédrale et le château des comtes (démoli entre 1802 et 1817) jusqu'à l'emplacement actuel de l'abside de l'église de Saint-Aignan; mais le monastère de Saint-Père-en-Vallée, célèbre pour son enseignement, était à l'extérieur des murailles. Les moines bénédictins furent obligés de le quitter pendant la Révolution, mais son église existe toujours, sous le nom de Saint-Pierre.

La réputation intellectuelle de Chartres fut considérablement rehaussée par l'arrivée, vers

CI-DESSUS, A GAUCHE: *Siège de Chartres par l'armée huguenote en 1568. (Musée de Chartres)*

CI-DESSUS: *Une tour de garde sur les remparts de la ville.*

A GAUCHE: *Vue aérienne des fouilles de 1990–1992, devant la cathédrale. Un vaste bâtiment public romain datant du 1er siècle a été partiellement mis au jour.*

A DROITE: *Au-delà de la rue St. Yves, dans l'ombre, le soleil baigne le Portail Nord de la cathédrale.*

L'histoire de Chartres et de sa cathédrale

Bien qu'il existe des preuves archéologiques qu'Autricum (la Chartres romaine), construite sur les bords de l'Autura (l'Eure), était relativement importante, avec son amphithéâtre et ses deux aqueducs, on ne connaît rien de sa vie religieuse ni de son évangélisation par les premiers chrétiens. Les évêques de Chartres assistèrent aux synodes du début du 6e siècle à Orléans, mais ce n'est qu'en 743 qu'il est fait mention d'une cathédrale, lorsque Hunald, duc d'Aquitaine, s'étant querellé avec les fils de Charles Martel, pilla la ville et détruisit sa cathédrale. La seconde cathédrale de celles que nous connaissons, déjà consacrée à Marie, fut incendiée par Hastings, un Viking, lors du pillage de la ville en 858, et la troisième, reconstruite en hâte, avec son chœur élevé sur un martyrium, fut probablement consacrée en 876, lorsque le petit-fils de Charlemagne, Charles le Chauve, offrit à Chartres sa fameuse relique, la Sancta Camisia, que l'on appelle le "Voile de la Vierge".

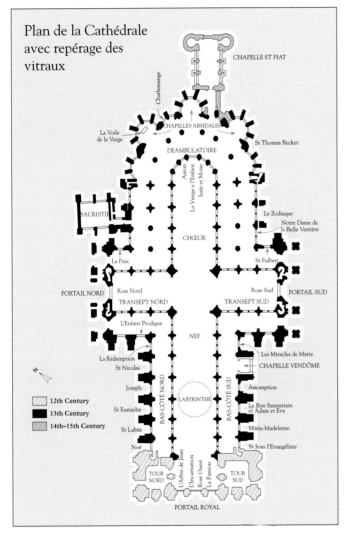

Plan de la Cathédrale avec repérage des vitraux

CHAPELLE ST PIAT

Charlemagne

CHAPELLES ABSIDALES

La Voile de la Verge

St Thomas Becket

DEAMBULATOIRE

Aaron
La Vierge et l'Enfant
Isaïe et Moïse

SACRISTIE

Le Zodiaque

Notre Dame de la Belle Verrière

CHŒUR

La Paix

St Fulbert

PORTAIL NORD

Rose Nord

Rose Sud

PORTAIL SUD

TRANSEPT NORD

TRANSEPT SUD

L'Enfant Prodigue

NEF

Les Miracles de Marie

CHAPELLE VENDÔME

La Rédemption

St Nicolas

Assomption

Joseph

LABYRINTHE

Le Bon Samaritain et Adam et Eve

St Eustache

Marie-Madeleine

St Lubin

St Jean l'Evangéliste

Noé

L'Arbre de Jessé
L'Incarnation
Rose Ouest
La Passion

TOUR NORD

TOUR SUD

PORTAIL ROYAL

BAS-CÔTÉ NORD
BAS-CÔTÉ SUD

- 12th Century
- 13th Century
- 14th–15th Century

CI-DESSUS: *Un plan et une description plus détaillés des vitraux et des sculptures figurent dans la brochure de Malcolm Miller* La cathédrale de Chartres, Chefs-d'oeuvre médiévaux du vitrail et de la sculpture, *éd. Pitkin.*

EN HAUT, A DROITE: *Un roi et une reine de Juda dans l'ébrasement droit de la baie centrale du Portail Royal.*

990, de Fulbert venu enseigner à l'école de la cathédrale qui pendant 200 ans resta un des grands établissements scolastiques de l'Europe médiévale, jusqu'à la fondation de l'Université de Paris en 1215, qui entraîna son déclin.

C'est pendant l'épiscopat de Fulbert qu'un grand incendie détruisit la cathédrale, en septembre 1020. En 1024, une nouvelle crypte très vaste fut construite; elle est toujours la plus grande de France. Grâce à des fonds octroyés par les rois de France, d'Angleterre et du Danemark, les ducs d'Aquitaine et de Normandie et le comte de Chartres-Blois, la nouvelle cathédrale romane était presque achevée à la mort de Fulbert en 1028. Mais un autre incendie en 1030 retarda la consécration, qui n'eut lieu qu'en 1037.

Un siècle plus tard, la cathédrale de Fulbert fut agrandie vers l'Ouest; on érigea d'abord une seule tour Nord-Ouest indépendante (à l'origine avec un clocher en bois) qui aujourd'hui soutient la structure flamboyante construite par Jean Texier entre 1506 et 1513. Puis, pendant les décennies qui suivirent, une tour Sud-Ouest fut construite avec un clocher octogonal en pierre qui s'élançait au-dessus d'une église beaucoup plus basse que celle d'aujourd'hui. Les cryptes furent prolongées jusqu'aux deux nouvelles tours, qui encadrent le magnifique Portail Royal, surmonté de trois lancettes, parmi les plus belles de l'Europe médiévale.

Solennelles et rigides, les statues-colonnes du Portail Royal (1145–1155), telles les acteurs d'un "mystère" sur les marches de la cathédrale, semblent sur le point de déclamer leur rôle. L'une, la main levée, va proclamer une grande prophétie; une autre, telle cette reine de Juda, sourit simplement en toute sérénité, assurée que de sa lignée naîtra le Christ. Puis, au-dessus de leurs têtes, apparaissent plus de 200 petits personnages, narrant les grands mystères de la naissance et de la mort du Christ, de son ascension et de son retour glorieux à la fin des temps, entrecoupés de brèves scènes décrivant les tâches quotidiennes ou intellectuelles de ce monde.

La cathédrale gothique

Au cours de la nuit de 10 juin 1194, un nouvel incendie détruisit la ville de Chartres et la

CI-DESSUS: *Le Portail Royal, 1145–1155. De chaque côté des trois portes, rois et reines de Juda, prophètes, prêtres et patriarches de l'Ancien Testament. En haut, une frise raconte le cycle de la naissance (à gauche) et de la mort (à droite) du Christ. Au-dessus de la porte de droite, la Nativité, la Présentation et Marie, au tympan, assise avec son Enfant. Au-dessus de la porte de gauche, l'Ascension, entourée des signes du zodiaque et des travaux des mois. Au-dessus de la porte centrale, le Christ en majesté.*

cathédrale de Fulbert fut très sérieusement endommagée. Seuls les cryptes, les tours Ouest récemment construites et le Portail Royal survécurent. Cette tragédie est racontée en détail dans le Livre des miracles de la Vierge, écrit au milieu du 13e siècle.

Au début, nous dit-on, le peuple se laissa aller au désespoir, croyant que la précieuse relique de Marie avait également brûlé, et que par conséquent la ville avait perdu sa protection: mais le troisième jour après l'incendie, le cardinal Melior de Pise, légat du pape qui était à Chartres la nuit du sinistre, rassembla tout le monde devant la cathédrale dont les cendres fumaient encore. Il exhortait le peuple à reconstruire un nouveau sanctuaire pour Marie, lorsqu'une procession apparut avec la relique intacte. Le cardinal proclama alors que c'était là un signe de Marie pour qu'on lui élevât une église encore plus magnifique, et c'est avec un grand enthousiasme spontané que la reconstruction commença.

Les gens se rassemblèrent volontairement dans les carrières de Berchères-les-Pierres, et tirèrent des charrettes chargées de pierres jusqu'au chantier, à quelque 10 kilomètres de

là. L'évêque Regnault de Mouçon et le chapitre de la cathédrale abandonnèrent la plus grande partie de leurs importants revenus pendant les cinq années suivantes pour la construction de la nouvelle cathédrale. Le roi Philippe Auguste, qui visita Chartres en 1210, donna chaque année l'argent nécessaire à la construction du porche Nord. Son fils, Louis VIII, continua, suivi par la reine Blanche de Castille, régente de France de 1226 à 1236, qui offrit la rosace Nord et les lancettes. Leur fils, Saint Louis, offrit un jubé malheureusement détruit par le clergé au 18e siècle.

Richard Cœur de Lion, quoique en guerre contre Philippe Auguste, permit aux prêtres de rassembler des dons en Angleterre. D'autres dons furent faits par un roi de Castille, probablement Ferdinand III, qui apparaît dans une des rosaces du chœur, tout comme le prince Louis de France, fils de Philippe Auguste, et d'autres chevaliers en selle revêtus de leur armure, tous tournés vers l'Est comme s'ils se mettaient en route pour une croisade en Terre Sainte et portant les armoiries de leurs familles nobles, les Beaumont, Courtenay et Montfort. Pierre Mauclerc, comte de Dreux et duc de

L'élévation intérieure se divise en trois: arcade, triforium et claire-voie. Le niveau inférieur, ou arcade, se compose d'une série d'arcs brisés dans la nef, le transept et le chœur. Ils supportent le triforium, galerie horizontale étroite, avec une rangée de colonnes élégantes donnant un rythme vertical et remplaçant les lourdes tribunes des cathédrales plus anciennes qui s'étendaient sur toute la largeur des bas-côtés. Au-dessus du triforium, la claire-voie est éclairée par une série de vitraux à deux lancettes avec une petite rosace cuspidée en dessus. Des croisées d'ogives, à clefs de voûte circulaires sculptées et creuses au centre, où l'on voit encore des traces de peinture et de dorure, divisent le toit en voûtes barlongues quadripartites. Là où les ogives et les doubleaux s'appuient contre le ressaut de l'édifice, des arcs-boutants, à l'extérieur, stabilisent leur poussée. Ce système permit à la fois de construire en hauteur, de percer dans les murs des ouvertures jamais osées jusqu'alors, et de les garnir de vitraux afin qu'ils semblent, tels les murs de la Jérusalem céleste, "être ornés de toutes sortes de pierres précieuses" (Ap. 21:19,20).

A GAUCHE: *Marchands donateurs représentés dans les vitraux. En haut, tonneliers, dans le vitrail de Noé; en bas, cordonniers, dans le vitrail de l'Assomption.*

A DROITE: *Détail du vitrail de N.-D. de la Belle Verrière, restauré en 1991.*

CI-DESSOUS: *Bouchers, donateurs du vitrail des Miracles de Marie.*

A L'EXTREME DROITE: *Vitrail de la Passion et de la Résurrection, d'environ 1150.*

Bretagne, offrit la rosace Sud; on peut le voir, avec sa famille, agenouillé à côté de leur blason au bas des cinq lancettes en dessous de la rosace. Le comte de Chartres, Thibault VI, offrit une partie des vitraux du chœur.

Crypte romane et architecture gothique

La crypte de Fulbert datant du 11ᵉ siècle fut renforcée, surtout dans l'abside, en doublant l'épaisseur du mur autour des trois grandes chapelles à voûte en berceau et en rajoutant entre elles des chapelles à voûte d'ogives de la fin du 12ᵉ siècle. Cette série alternée de chapelles romanes et gothiques, larges et étroites, dans la crypte, détermina la forme absidale en demi-cercle de la cathédrale gothique au-dessus, ainsi que la disposition de ses chapelles radiales. De même, les longues galeries à voûtes d'arête sous les bas-côtés de l'église gothique déterminèrent sa largeur et son orientation; la décision de conserver le Portail Royal du milieu du 12ᵉ siècle et ses tours adjacentes en détermina la longueur. Les architectes gothiques, cependant, l'agrandirent de deux façons: en premier lieu en rajoutant un transept très large, de sorte que le plan représente de façon symbolique une croix latine, et en second lieu en haussant davantage la voûte.

Les marchands donateurs

Bien que Chartres ne fût pas reconnue comme commune avant la fin du 13e siècle, c'était une ville très prospère, administrée conjointement par le comte et l'évêque, ce qui causa parfois quelques désaccords. Au fur et à mesure du déclin du système féodal, les campagnes furent progressivement délaissées au profit des villes en voie de développement, qui devinrent des centres de commerce de plus en plus importants. Chartres n'y fit pas exception, et de nouveaux remparts avaient été construits juste avant l'incendie de 1194 pour contenir la population croissante, surtout le long de la rivière. De grandes foires avaient lieu pendant les quatre grands jours de fête de la Vierge. Certains marchands jouissaient des privilèges et de la protection de l'enceinte de la cathédrale qui, ville dans la ville, était en dehors de la juridiction du comte. Des relations amicales existaient donc entre le chapitre et les marchands.

En fait, les corporations de marchands offrirent 42 vitraux pour la nouvelle cathédrale, et leurs "signatures", plus de 100 scènes représentant leurs occupations, fournissent un aperçu passionnant de la vie quotidienne de la première partie du 13e siècle. Les dons furent si généreux et continus que les ruines de la cathédrale furent bientôt dégagées et que des entrepreneurs et artisans purent installer leurs ateliers pour commencer la reconstruction. Ils travaillèrent si rapidement que dès 1220 Guillaume le Breton, chroniqueur de la cour, écrivit à propos de la nouvelle cathédrale:

"Nulle part dans le monde pourrait-on en trouver une autre comparable dans ses proportions, ses dimensions et sa décoration . . . la mère du Christ porte un amour particulier à cette église . . . Aucune aujourd'hui ne saurait avoir un pareil éclat, et elle se dresse maintenant toute neuve et achevée."

Les vitraux

Avec les trois lancettes Ouest, la célèbre Notre-Dame de la Belle Verrière, d'environ 1150, et plus de 150 vitraux du début du 13e siècle, Chartres possède de loin l'ensemble le plus complet de vitraux de l'époque médiévale.

Enchâssés comme de gigantesques manuscrits enluminés transparents dans des murs de pierre calcaire de Berchères, les vitraux de Chartres sont peuplés de rois, de princes et de grandes dames de la cour, en magnifiques habits de soie, d'hermine et de drap d'or.

On voit des chevaliers en cotte de maille et des prêtres en vêtements somptueusement brodés de couleur rubis, safran, azur et émeraude. Des paysans en chemise de grosse toile, encapuchonnés contre les vents de mars, ou bien torse nu pour la moisson d'août, s'adonnent hors du temps à leurs occupations saisonnières. Divers artisans, l'outil à la main, sculptent la pierre, tissent, ou travaillent le bois dans leurs ateliers, pour l'éternité. Des poissonniers sous un parasol coloré, des bouchers et des boulangers présentent leurs marchandises à vendre. Des fourreurs et des drapiers étalent avec fierté leurs articles: un

maréchal ferre un cheval, placé dans un "travail" de bois; un cordonnier lace des bottines et un vigneron taille sa vigne.

On nous raconte des exploits héroïques: comment Charlemagne vainquit les Maures, comment Roland tua l'infidèle Ferragut. Des vies de saints de la Légende dorée donnent l'exemple des vertus nécessaires dans ce monde pour triompher de la condition humaine, et, lors du Jugement

A DROITE ET CI-DESSUS: *Détail du vitrail du Bon Samaritain. Dans le lobe inférieur du quadrilobe, Jésus enseigne la parabole. Au-dessus, à gauche, un homme quitte Jérusalem et prend la route de Jéricho mais des voleurs l'attaquent et le dépouillent de ses biens (au centre et à droite). Dans le lobe supérieur, un prêtre et un lévite passent devant le blessé sans lui porter secours. Le Bon Samaritain arrive et, après avoir pansé le blessé, le charge sur sa monture (cercle ci-dessus) pour l'emmener à l'auberge.*

CI-CONTRE: *Détail du vitrail de Noé. Dans les losanges, Noé construit l'arche et, au-dessus, le Déluge commence. A gauche et à droite, les animaux arrivent par couples.*

dernier, pour entrer dans l'autre monde, la Jérusalem éternelle et céleste. Saint Nicolas et saint Martin illustrent par exemple la charité; saint Eustache et d'autres martyrs, la fidélité à leur foi; Marie-Madeleine et saint Julien sont des pécheurs repentis, qui se voient récompenser au Royaume des Cieux.

La signification morale de tels vitraux devait être comprise de tous, tandis que les interprétations symboliques ou typologiques de certains vitraux bibliques n'étaient comprises que par les érudits, grâce à leur connaissance des écrits des Pères et des docteurs de l'Eglise, ou des commentateurs du début du

Moyen Age, tels Bède le Vénérable et Isidore de Séville. Ainsi, Noé comme sauveur, Joseph, trahi et qui pardonne, David, le nouveau roi des Juifs, Moïse le législateur, ou Salomon et sa sagesse, préfigurent le Christ. De même, des paraboles, telles que celle du bon Samaritain, furent interprétées de façon symbolique. Selon Bède le Vénérable, l'homme abandonné blessé au bord de la route représente l'humanité spirituellement meurtrie par la faute d'Adam et d'Eve; le Samaritain est le Christ Rédempteur, l'auberge symbolise l'Eglise, et la promesse du Samaritain de revenir pour régler les dettes, le jour du Jugement dernier.

CI-CONTRE: *Le Portail Nord. La sculpture raconte l'histoire de l'humanité depuis la Création jusqu'à la venue du Christ; elle se continue au Portail Sud avec le Jugement Dernier.*

EN BAS, A GAUCHE: *Détail de la baie centrale du Portail Nord. Les animaux se présentent à Adam pour qu'il donne un nom à chaque espèce.*

A DROITE: *Le Portail Sud, baie centrale. Les statues de St. Paul, St. Jean, St. Jacques le Majeur, St. Jacques le Mineur et St. Barthélémy.*

La sculpture du 13e siècle

Comme des acteurs pétrifiés depuis le début du 13e siècle, les statues des portails Nord et Sud jouent la Divine Comédie, du commencement du monde jusqu'à la fin, de la création et de la chute jusqu'au Jugement dernier, du Paradis perdu au Paradis retrouvé.

Le cycle de la création est magnifiquement sculpté sur les deux archivoltes extérieures de la baie centrale du portail Nord. Il part de la gauche, où Dieu crée Adam, puis Eve, tout en haut. En redescendant sur le côté droit, on trouve l'histoire de la Chute qui se termine (en bas) par l'expulsion du paradis.

Au-dessous, dans cette même baie centrale, l'ébrasement de gauche (env.1210) figure, préfigure, prépare ou annonce le sacrifice du second Adam, Jésus. De gauche à droite: Melchisédech, représentant Jésus prêtre-roi (Christos = l'Oint du Seigneur), tient un calice contenant du pain et du vin; Abraham se prépare à sacrifier son fils Isaac, comme Jésus le sera plus tard par son Père; Moïse, le législateur, montre le serpent d'airain grâce auquel il guérit tous ceux qui avaient été mordus par des serpents venimeux dans le désert ("Comme Moïse éleva le serpent dans le désert, de même il faut que le Fils de l'Homme soit élevé" – Jean, 3,14) et qui symbolise le Christ sur la croix; Aaron tue un agneau, autre symbole du sacrifice du Christ; et enfin le roi David, prophète de la Passion du Christ

A DROITE: *Personna-
ges de la baie centrale
du Portail Sud. Des
démons entraînent
des pécheresses: une
religieuse et une
dame de la cour.*

(Ps.22) porte la lance et la couronne d'épines.

En face, sur la droite, se trouvent Isaïe et Jérémie, prophètes de l'Ancien Testament, puis Siméon qui déclara à Marie: "A toi aussi, un glaive transpercera le cœur"; puis un Jean-Baptiste hagard, fatigué, émacié, montrant l'Agneau du sacrifice; et enfin Pierre, debout sur un roc, tenant deux clés. Son calice, brisé, contient cette fois le sang et la chair du Christ.

Les personnages centraux, sur le trumeau, sont les parents de Marie, Anne et Joachim (mutilé) et au-dessus de la porte centrale figurent la mort de Marie, son Assomption et son couronnement au ciel.

Dans la baie de droite se tiennent d'autres personnages de l'Ancien Testament: Balaam avec son ânesse, la Reine de Saba et Salomon

à gauche; Jésus ben Sirach, Judith (?) et Joseph à droite.

Les scènes de la Nativité sont représentées dans la baie de gauche, avec l'Annonciation et la Visitation de part et d'autre de la porte. Les sculptures du linteau et du tympan, au-dessus de la porte, montrent la naissance de Jésus et l'adoration des Mages.

Le programme sculptural du Portail Sud est très clair. Jésus enseignant, main droite levée, en est le personnage central. De chaque côté se tiennent Ses douze apôtres qui ont répandu Son enseignement. A Sa droite (dans la baie de gauche) figurent les martyrs qui sont morts pour Lui et à Sa gauche (baie de droite) les confesseurs qui ont illustré Son enseignement.

Ce très vaste programme iconographique trouve son apogée au-dessus de la porte centrale avec le retour du Christ venu juger les vivants et les morts. Les élus regagnent le Paradis et les damnés brûlent en Enfer.

Les vitraux rappelaient à l'homme du Moyen Age les pierres précieuses qui garnissent les murs de la cité de Dieu, selon la description de saint Jean; à l'extérieur les portails et porches sculptés, somptueusement dorés et peints, entrées de cette cité construite sur terre, représentaient les Portes du Ciel. On sait qu'à l'époque médiévale, une nouvelle église était comparée à la Jérusalem céleste, le jour de sa consécration, et on lisait au peuple les passages appropriés de l'Apocalypse.

Le projet de faire construire neuf clochers fut abandonné et, en octobre 1260, en grande pompe et dans l'allégresse, la nouvelle cathédrale fut dédiée à l'Assomption de Notre-Dame, palais digne de la Reine du Ciel.

Chartres et sa cathédrale depuis 1260

L'admirable unité architecturale et iconographique de la cathédrale de Chartres est principalement due à la rapidité avec laquelle elle fut construite, et aussi au fait qu'elle ait survécu, presque indemne, au fanatisme du 16e siècle, à la Révolution du 18e siècle et aux guerres mondiales du 20e siècle. Elle n'a subi que de légères modifications ou additions au cours de ces 800 années.

Le 14e siècle

Une sacristie avait déjà été rajoutée au milieu du 13e siècle, à l'Est du transept Nord. La chapelle Saint-Piat fut la première à être érigée contre la cathédrale au 14e siècle, entre 1324 et 1353, et les pèlerins s'y pressaient pour voir la miraculeuse relique du saint en montant un escalier élégant ouvert entre les chapelles absidales Est et Sud-Est. (Aujourd'hui, la chapelle Saint-Piat expose le trésor de la cathédrale, y compris le voile de l'Impératrice Irene de Byzance et des fragments du jubé du 13e siècle.)

Le 15e siècle

En 1413, Louis de Bourbon, comte de Vendôme, emprisonné par son frère Jacques, menacé de mort et risquant la confiscation de ses terres, fit vœu à Notre-Dame de lui faire construire une chapelle dans la cathédrale, après sa libération. La construction de la chapelle Vendôme commencée la même année fut poursuivie, bien que Louis fut capturé à nouveau, cette fois par Henri V Plantagenêt d'Angleterre, à la bataille d'Azincourt.

A GAUCHE: *La chapelle St.-Piat, ajout du début du 14e siècle, abrite maintenant le trésor de la cathédrale.*

A DROITE: *Une partie de la clôture du chœur dans le déambulatoire, côté Sud. La naissance de Marie, de Jean de Dieu, 1681.*

A GAUCHE: *Détail du vitrail Vendôme, don de Louis de Bourbon, comte de Vendôme, en 1417. Dans la moitié inférieure, des anges portent les armoiries de la famille Bourbon, que l'on voit agenouillée, ses saints patrons derrière elle. La moitié supérieure représente le Couronnement de la Vierge, avec des scènes de la Passion du Christ. Le Jugement Dernier est représenté à l'intérieur du remplage de style flamboyant, au-dessus.*

A DROITE: *Détail du vitrail du Zodiaque: les travaux des mois (battage du blé, fabrication du vin, abattage du cochon) et quatre signes du Zodiaque: la Vierge, la Balance, le Scorpion et le Sagittaire (13ᵉ siècle).*

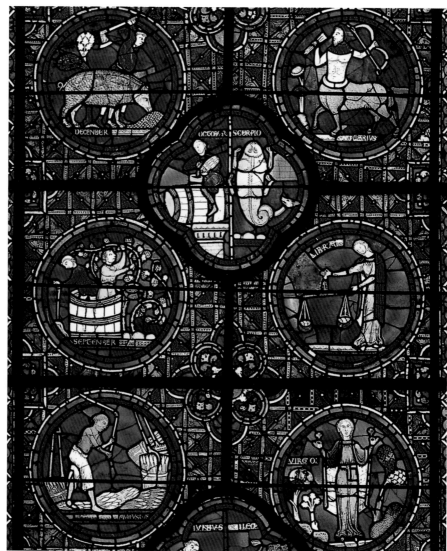

Le 16ᵉ siècle

C'est grâce à la générosité de Louis XII, qui donna 2 000 livres, et à la remise d'indulgences par le cardinal Georges d'Amboise, légat du pape, à tous ceux qui apportaient leur aide, par leur travail ou leurs offrandes, qu'en 1507 fut entreprise la construction d'un nouveau clocher pour la tour Nord. Au cours d'un orage, la foudre avait incendié l'ancien clocher en bois recouvert de plomb.

Jean Texier, dit Jehan de Beauce, fut nommé architecte, et, ayant achevé le nouveau clocher dès 1513, dans le style gothique flamboyant de son époque richement décoré, fut chargé de faire élever une clôture de chœur dans le même style, qu'il mit en œuvre en 1514 et sur laquelle il travailla jusqu'à sa mort le 29 décembre 1529. Les groupes sculptés dans cette clôture ne furent cependant achevés que deux siècles plus tard, au 18ᵉ siècle, au fur à mesure de la disponibilité financière.

La clôture aurait pu être abandonnée en 1568, les vitraux et sculptures du Moyen Age détruits, et les saintes reliques dispersées au vent au nom du fanatisme religieux; mais les remparts de la cité ont résisté au siège du prince de Condé et de son armée huguenote, malgré une brèche près de la Porte Drouaise. Ce quartier est depuis cette date connu par les habitants sous le nom de "la Brèche".

A GAUCHE: *La combinaison d'arcs-boutants et de voûtes à croisées d'ogives permit aux bâtisseurs de construire plus haut qu'il n'était possible auparavant et d'ouvrir les murs pour les garnir de vitraux. Après l'incendie de 1836, la cathédrale reçut une nouvelle toiture de cuivre.*

A DROITE: *L'autel (19ᵉ siècle) de Notre-Dame du Pilier. La statue de la Vierge, en bois de poitier peint, et traditionnellement habillée, date probablement du 16ᵉ siècle.*

A DROITE: *Le maître-autel, sculpté par Charles-Antoine Bridan, de 1767 à 1773, représente l'Assomption de Marie, à laquelle est dédiée la cathédrale; on y voit clairement l'influence de la sculpture italienne, notamment de l'œuvre du Bernin.*

Le 18ᵉ siècle

Ayant survécu presque indemne aux guerres de religion du 16ᵉ siècle et traversé un 17ᵉ siècle relativement sans faits marquants (exception faite des visites de Louis XIII, Anne d'Autriche et Louis XIV), la cathédrale de Chartres souffrit, dans la deuxième moitié du 18ᵉ siècle, les plus graves dégradations et outrages de son histoire, infligés d'abord par le clergé, puis par les révolutionnaires.

En 1753, le chapitre de la cathédrale décida de "moderniser" le chœur. Les bordures de plusieurs des vitraux du chœur du 13ᵉ siècle furent enlevées et on les remplaça par du verre incolore. En 1763, le jubé offert par Saint-Louis fut démoli et remplacé par des grilles de fer forgé. Bridan, en 1773, sculpta le maître-autel de l'Assomption; huit vitraux dans le chœur et quatre dans le transept furent détruits afin de laisser passer plus de lumière. Aujourd'hui, les huit vitraux du chœur comportent des grisailles du début du 20ᵉ siècle, et deux des fenêtres dans le transept contiennent des vitraux de l'artiste chartrain François Lorin qui furent offerts, le premier par l'Association américaine des architectes en 1954, et l'autre par les Amis allemands de la cathédrale de Chartres en 1971.

Pendant la Révolution et la Terreur qui suivit, les trésors de grande valeur de la cathédrale furent pillés, un clergé constitutionnel établi, le palais épiscopal transformé en bureaux d'administration locale, la très vénérée statue romane en bois de Notre-Dame-de-Sous-Terre brûlée devant le Portail Royal le 20 décembre 1793, et la cathédrale reconsacrée comme "temple de la Raison".

Toutes les statues, à l'intérieur et à l'extérieur, devaient être détruites. Huit statues d'apôtres dans la nef, et sept dans le porche Nord, furent en fait enlevées, et on suggéra même la démolition de toute la cathédrale. Certains habitants, cependant, n'étaient pas d'accord, y compris l'architecte Morin, qui signala les difficultés que cela comporterait!

En 1795 le danger était passé, et en 1800, le jour de la fête de l'Assomption, la messe fut de nouveau célébrée dans la Cathédrale Notre-Dame de Chartres.

Les 19ᵉ et 20ᵉ siècles

La vaste charpente en bois, connue sous le nom de "la forêt", au-dessus des voûtes en pierre, qui avait été dépouillée de sa couverture de plomb pendant la Révolution, fut à

A GAUCHE: *L'autel (19ᵉ siècle) de Notre-Dame du Pilier. La statue de la Vierge, en bois de poirier peint, et traditionnellement habillée, date probablement du 16ᵉ siècle.*

nouveau recouverte, mais le 4 juin 1836, du fait de la négligence des ouvriers, un grand incendie détruisit toutes les poutres en bois au-dessus de la nef, du chœur et du transept. Heureusement les voûtes en pierre résistèrent à cette dernière calamité et une nouvelle charpente en fonte recouverte de cuivre fut achevée en 1841.

Depuis 1963, un vaste programme de restauration et de conservation a été entrepris, à la fois à la cathédrale et dans la ville. Les statues les plus endommagées du Portail Royal ont été enlevées et placées dans la crypte, et des copies installées à leur place. Les trois grandes lancettes du 12ᵉ siècle de la façade Ouest ont été entièrement nettoyées, restaurées et remises en plomb entre 1974 et 1976, et l'on a maintenant entamé la restauration des verrières du 13ᵉ siècle.

Simultanément, et à grand soin, avec l'aide de subventions de l'Etat et de la municipalité, rue par rue, maison par maison, le vieux Chartres est en cours de rénovation, de l'église Saint-Pierre à l'église Saint-André, le long de la rivière et jusqu'à la cathédrale, en passant par la rue Saint-Pierre, la rue du Bourg, la rue des Écuyers et la rue Chantault.

Visite de la vieille ville

A ceux qui le peuvent, la découverte à pied de la vieille ville procure un immense plaisir. Nous vous suggérons de suivre autant que possible les flèches indiquant Circuit Touristique, *que l'Office du Tourisme de Chartres a fait apposer dans toute la vieille ville. L'Office peut vous louer une cassette qui commente ce circuit. Un petit train circule pendant la saison touristique; il épargne aux visiteurs les difficultés des rues en pente raide et des longs escaliers de la vieille ville.*

DOUBLE PAGE PRECE-DENTE: *Vue aérienne de la cathédrale, depuis le sud.*

La meilleure façon de visiter le vieux Chartres est de partir du Cloître Notre-Dame, avec ses neuf voies d'accès, que l'on pouvait fermer jusqu'au 18e siècle. Environ 600 personnes y habitaient: chanoines, prêtres avec leurs domestiques, qui formaient le centre spirituel et intellectuel de la ville (une ville dans la ville). Ce centre était administré par l'évêque depuis son palais situé derrière la cathédrale; il échappait à la juridiction du comte de Chartres qui gouvernait la ville et le comté depuis son château, démoli au début du 19e siècle.

Les maison qui s'entassaient entre les contreforts de chaque côté de la cathédrale furent démolies à la fin du 19e siècle. En 1911, d'autres maisons, situées directement devant la cathédrale, furent abattues, mais la très belle maison canoniale du 13e siècle, juste en face du Portail Royal, fut conservée lorsque les

A GAUCHE: *Le pavillon du 16e siècle, sur le côté Nord de la tour Nord-Ouest, possède une horloge à une seule aiguille.*

CI-DESSUS: *Les fenêtres somptueusement décorées de la maison canoniale, face au Portail Royal.*

EN HAUT, A DROITE: *La façade Ouest de la cathédrale.*

A DROITE: *Vue du côté Nord-Ouest du Cloître Notre-Dame.*

magnifiques sculptures des tympans représentant des démons qui se font face, queues dressées, des lutteurs, des joueurs de dés et une riche végétation furent découvertes. C'est dans cette maison que le roi Henri III séjournait lors de ses fréquents pèlerinages à la cathédrale; c'est là qu'il se réfugia en 1588 après sa fuite de Paris consécutive à la Journée des Barricades (12 mai).

Non loin de là, au pied de la tour Nord, on voit un pavillon Renaissance construit par Jean Texier (Jehan de Beauce), également architecte de la flèche de style gothique flamboyant qui s'élance haut dans le ciel. Le pavillon renferme le mouvement d'une horloge dont le cadran n'a qu'une aiguille décrivant un cycle de 24 heures. Il a été complètement restauré en 1992.

En face se trouve la rue de l'Horloge, élargie en 1732 pour permettre à la reine de France Marie Leczinska d'aller jusqu'à la cathédrale dans son carrosse officiel.

La rue de l'Horloge conduit à la rue du cardinal Pie, dont le nom vient de Louis-François-Désiré-Edmond Pie. Né près de Chartres en 1815, il fut ordonné prêtre en 1839 et exerça son sacerdoce à la cathédrale avant d'être intronisé évêque de Poitiers.

A DROITE: *Le Palais Episcopal, actuellement Musée de Chartres. Le premier palais connu ici fut détruit par le feu. Bien que certaines parties du bâtiment actuel soient plus anciennes, il date principalement des 17e et 18e siècles. Le musée contient de remarquables collections de tapisseries, de tableaux et d'objets d'art.*

A L'EXTREME DROITE: *Ste. Lucie (17e siècle), de Francisco Zurbarán. (Collection du Musée de Chartres)*

A GAUCHE: *Petite Fille à la Poupée (1902), de Maurice de Vlaminck. (Collection du Musée de Chartres)*

A DROITE: *Le sous-sol de l'Enclos de Loëns, 13e siècle.*

Au No 5 de la rue du cardinal Pie se trouve l'entrée de l'Enclos de Loëns, un des plus beaux exemples de l'architecture française du 13e siècle. Jusqu'au 18e siècle, il servit de grange aux dîmes; le clergé y gardait son vin. Une longue volée d'escalier descend jusqu'à une salle magnifiquement voûtée où une série de colonnes rondes soutient une voûte à croisées d'ogives. Au-dessus, dans une autre vaste salle à la charpente remarquable, le clergé engrangeait son grain. Le Cellier de Loëns, restauré en 1974, abrite aujourd'hui le Centre International du Vitrail.

En quittant l'Enclos de Loëns, sur la gauche et de l'autre côté de la rue, on voit un élégant passage qui constitue l'une des neuf entrées du Cloître Notre-Dame.

De là, en suivant la courte rue St.-Yves (évêque de Chartres mort en 1115), l'on aperçoit sur le Portail Nord qui se dresse à l'entrée du palais épiscopal, actuellement Musée de Chartres.

D'agréables jardins entourent le musée et descendent vers la rivière. Entre l'abside de la cathédrale et le musée, une arcade est le seul vestige des écuries de l'évêque, démolies en 1907. L'UNESCO y a apposé une plaque désignant la cathédrale de Chartres comme monument du patrimoine mondial. Près de là, au milieu d'une pelouse, une petite croix marque l'ancien emplacement de la chapelle St.-Jérôme et de son cimetière, dans lequel on enterrait les chanoines de la cathédrale.

Des murs de la terrasse, on a une vue superbe sur la vallée de l'Eure et la vieille ville de Chartres. En bas, sur la gauche, s'élève l'église St.-André et, à l'extrême droite, on aperçoit les arcs-boutants de St.-Pierre.

Jean Moulin (1889–1943), *héros de la Résistance, était préfet d'Eure-et-Loir quand les Nazis occupèrent Chartres en 1940. Il refusa de signer des faux documents dénonçant des atrocités soi-disant commises par l'armée française et tenta de se suicider.*

Libéré, il s'enfuit en Angleterre pour rejoindre le général de Gaulle. Il fut le premier président du Conseil National de la Résistance. Sous le pseudonyme de Max, il devint un personnage de légende. Arrêté par la Gestapo en 1943, il fut torturé à mort.

Pendant la guerre de 1870–1871 Chartres fut occupée par les Prussiens. Très légèrement bombardée au cours de la guerre de 1914–1918, elle souffrit davantage au cours de la seconde guerre mondiale, surtout le 26 mai 1944, lorsque l'Hôtel de Ville fut touché et qu'on perdit une bibliothèque de manuscrits médiévaux de valeur inestimable. Pendant les deux guerres mondiales, cependant, on enleva les vitraux de la cathédrale, et ils survécurent, intacts. Avant de battre en retraite, les troupes d'Hitler firent sauter la Porte Guillaume et incendièrent l'église Saint-André.

De la terrasse jouxtant le palais épiscopal, un escalier descend vers un jardin en contrebas où un mémorial en acier inoxydable rappelle la mémoire de Jean Moulin. Un autre escalier, le long de l'orangerie à gauche, conduit à travers ce jardin à une porte donnant sur le Tertre St.-Nicolas, du nom d'une petite chapelle qui s'élevait autrefois à côté de l'église St.-André, au pied de la colline. Beaucoup de ces "tertres" relient la ville haute à la ville basse: Tertre St.-François, Tertre du Pied Plat, Tertre St.-Eman, Tertre de la Poissonnerie.

En descendant quelques marches du Tertre St.-Nicolas, sur la gauche, se trouve une porte habituellement fermée mais pas à clé. Elle mène à une esplanade d'où l'on a une autre vue magnifique sur St.-André, des vieilles

EN HAUT, A GAUCHE: *Monument de Jean Moulin, Boulevard de la Résistance.*

A GAUCHE: *Derrière l'église St.-André, les courbes de la rue et de l'esplanade révèlent l'emplacement de l'amphithéâtre romain.*

CI-DESSUS: *L'église St.-André actuelle date principalement du siècle; on l'agrandit en construisant un pont qui traversait la rivière. Le chœur fut démoli en 1827.*

A DROITE: *De curieuses sculptures qui ornent la Maison Romane (12ᵉ siècle).*

maisons, les rues adjacentes et les toits. Dans l'antiquité, il y avait là un amphithéâtre romain, que laisse deviner la courbure de l'esplanade et de la rue en bas.

A l'autre extrémité de l'esplanade se trouve la rue Chantault (du nom d'un chanoine de la cathédrale mort en 1381) et au No 29 de cette rue en pente raide, la plus ancienne maison de Chartres encore habitée. Datant du 12ᵉ siècle, elle est remarquable par les sculptures romanes de ses fenêtres: têtes de soldats (probablement), acrobates, monstres étranges et démons.

Juste en face, la rue du Cloître St.-André conduit à la collégiale St.-André.

L'église St.-André actuelle date surtout du 12e siècle. Un bâtiment antérieur, probablement édifié en 960, brûla en 1134, laissant subsister deux cryptes sous le transept. Au 13e siècle, St.-André fut agrandi en construisant un pont qui enjambait la rivière, sur lequel Jehan de Beauce bâtit un chœur au 16e siècle. En 1612, on y adjoignit une chapelle absidale en construisant un autre pont qui traversait la rue du Massacre (ainsi nommée à cause de l'abattoir qui s'y trouvait). Cette chapelle s'écroula en 1805 et, pour des raisons de sécurité, le chœur fut demoli en 1827. Les Allemands utilisèrent l'église comme dépôt au cours de la seconde guerre mondiale et un incendie l'endommagea gravement.

En 1286, le comté de Chartres fut vendu par la comtesse Jeanne au roi Philippe le Bel, qui en 1293 l'offrit à son frère, Charles de Valois, déjà comte d'Alençon et d'Anjou. Son descendant Philippe de Valois fut couronné Philippe VI de France à Reims le 29 mai 1328, et pendant les 200 années qui suivirent, Chartres fut rattachée directement à la couronne. Louis XIII éleva Chartres au rang de duché, qui resta par la suite dans la famille d'Orléans jusqu'à la Révolution.

CI-DESSUS: *Vieux lavoirs, entre la rue de la Tannerie et l'Eure. Au fond, l'église St.-André.*

A DROITE: *Des visiteurs décontractés explorent la vieille ville dans le "Petit Train", qui va croiser la rue encore connue sous le nom de Porte Guillaume.*

CI-DESSUS: *La terrasse du Moulin de Ponceau donne sur le tranquille cours d'eau. Le pont des Minimes tire son nom d'un couvent qui se trouvait sur l'autre rive.*

Le choix de Philippe de Valois comme roi de France, et non d'Edouard III d'Angleterre, un des petits-fils de Philippe le Bel, fut la cause de la guerre de Cent Ans. Jean Froissart, dans ses Chroniques, raconte qu'en 1360 l'armée d'Edouard campait près de Chartres, lorsqu'un terrible orage de grêle tua hommes et chevaux. Edouard vint alors à Chartres, fit une généreuse offrande à la cathédrale, et un voeux à Notre-Dame de faire la paix; on signa alors le traité de Brétigny.

C'est en grande partie à cause de la guerre de Cent Ans que les murs de la cité durent être renforcés, et en 1356 une douve fut creusée comme défense supplémentaire. Il existait alors neuf portes. A l'exception de la Porte Guillaume qui survécut jusqu'en 1944, les autres portes et la plupart des remparts, ainsi

que le château, furent démolis au début du 19e siècle; il n'en reste que leurs noms, la Porte Cendreuse (du Mercredi des Cendres), la Porte Drouaise (de Dreux) ou la Porte Châtelet.

De la même façon, beaucoup de noms de rues, surtout au Sud de la cathédrale, indiquent toujours les commerces qu'on y exerçait, par exemple, rue des Changes (des changeurs), rue aux Herbes (aux légumes), rue de la petite Cordonnerie, place de la Poissonnerie, etc.

Toute une série de moulins furent construits le long de la rivière, là où les commerces de laine et de cuir prospéraient.

De nombreux lavoirs publics bordent les rives: les ménagères venaient y laver leur linge jusqu'au milieu du 20e siècle. Suivant le niveau de l'eau, elles relevaient ou abaissaient les planches à laver, par un système de poulies.

A GAUCHE: *Avant la seconde guerre mondiale, Robert Laillet photographia la dernière des portes médiévales qui dominaient les abords de la ville à l'Est. (Collection L'Asne qui Vielle)*

CI-DESSOUS: *La maison (du 15ᵉ siècle) où habite l'auteur, dans la rue des Écuyers, fut une des premières parmi les nombreuses maisons du vieux Chartres à être restaurée dans les années 1970.*

La rue de la Tannerie aboutit au pont Bouju, d'où l'on jouit d'une des vues les plus classiques sur la cathédrale. Au Moyen Age, c'était là l'entrée principale de la ville à partir de Paris, en franchissant un pont-levis et la Porte Guillaume.

Les remparts de la ville (pour la plus grande partie démolis au début du 19ᵉ siècle) furent élevés à la fin du 12ᵉ siècle et renforcés pendant la Guerre de Cent Ans. Malheureusement, quand les Allemands évacuèrent Chartres le 16 août 1944, ils firent sauter la Porte Guillaume dont on peut encore voir les ruines à l'extrémité de la courte rue de la Porte Guillaume.

Passé le pont Bouju, en montant vers la cathédrale, après la rue aux Juifs, puis par la première rue à gauche, on peut admirer dans la rue des Écuyers de très remarquables maisons des 15ᵉ et 16ᵉ siècles, y compris, au No 25, la maison dite "Escalier de la Reine Berthe". Berthe, comtesse de Chartres par son premier mariage, devint veuve et se remaria avec le roi Robert II (996–1031). Bien que, en sa qualité de comtesse, elle ait habité dans le château qui se trouvait juste au-dessus, il n'y a évidemment aucun lien entre elle et cette maison Renaissance, remarquable pour son escalier extérieur à vis orné de sculptures. Au No 26 se trouve une autre maison à colombages, où habite l'auteur; à sa gauche, la rue aux Cois conduit à la rue aux Juifs, puis vers St.-Pierre.

A DROITE: *De vieilles maisons se pressent autour de l'emplacement de l'ancien château. La rue des Écuyers part en montant sur la gauche.*

CI-DESSOUS: *L'Escalier de la Reine Berthe, dans la rue des Écuyers. C'est une maison du début du 16e siècle remarquable pour sa charpente extérieure en spirale ornée de sculptures.*

L'ancienne et vaste abbaye bénédictine du nom de St.-Père-en-Vallée, qui rappelle sa situation hors les murs de la ville, fut décrétée bien national durant la Révolution française; mais on conserva son église qui devint l'église paroissiale St.-Pierre. L'ensemble de l'édifice est imposant et harmonieux, avec ses contreforts et arcs-boutants d'une minceur audacieuse, son chœur doté d'un élégant triforium de la fin du 13e siècle, sa nef de style gothique et tout spécialement ses 29 vitraux de la fin du 13e et du début du 14e siècle. Ils constituent actuellement une des plus magnifiques collections de vitraux du Moyen Age.

CI-DESSUS: *Les églises St.-Pierre (à gauche) et St.-Aignan, vues du pont de la Courtille. Un vieux moulin traverse la rivière.*

A DROITE: *L'abside et l'autel de l'église St.-Pierre. La première mention du monastère, au 7e siècle, le décrit comme ayant reçu une donation de Ste. Bathilde, épouse de Clovis II. Il fut rebâti au 10e siècle par des Bénédictins de Fleury (aujourd'hui St. Benoît-sur-Loire) et son clocher date sans* doute de cette époque. *Après l'incendie de 1134, l'abbé Hilduard construisit les parties basses du chœur, du déambulatoire et des chapelles absidales. Le côté Nord de la nef fut construit ensuite, à la fin du 12e siècle, le côté Sud au début du 13e siècle; le chœur d'Hilduard fut voûté au milieu du 13e*

siècle, avec un clair-
étage/triforium inhabi-
tuel. Il est aujourd'hui
éclairé par des vitraux
du 16ᵉ siècle prove-
nant de l'église voisine
St. Hilaire, démolie
pendant la Révolution
française.

De St.-Pierre, une courte remontée à pied de la rue St.-Pierre, puis, à gauche, du raide escalier du Tertre St.-François, amène à l'église St.-Aignan. St. Aignan (358–453) fut évêque de Chartres puis d'Orléans; il s'illustra particulièrement lors du siège d'Orléans par Attila, à qui il s'offrit en otage, en 451.

Les premières chapelles bâties sur le site, à l'époque féodale, servaient d'église paroissiale aux comtes de Chartres dont le château était à proximité. La construction de l'édifice actuel commença vers 1500 et s'acheva au 17e siècle. La belle entrée est datée 1541. A l'intérieur, les voûtes des bas-côtés, aux clés sculptées d'emblèmes héraldiques, sont de style gothique tardif. La chapelle St.-Michel, sur le côté Sud, possède un plafond à caissons sculpté

CI-DESSUS: *Le marché aux fleurs du samedi matin.*

EN HAUT: *La chaire de l'église St.-Aignan.*

CI-DESSUS: *La Nativité, vitrail du 19e siècle dans l'église St.-Aignan. Dans le bas-côté Sud se trouvent plusieurs vitraux Renaissance très ouvragées.*

(1543); la voûte de bois en berceau et le triforium datent tous deux de 1625.

La rue qui passe devant l'église St.-Aignan, rue des Grenets, tire son nom d'une vieille famille chartraine (Etienne Grenet fit la première croisade en 1096); elle mène à la rue des Changes. C'est en effet là qu'étaient les bancs où se tenaient les changeurs, du 11e siècle jusqu'à 1464. Le mot "banque" en provient et les changeurs s'appelaient des banquiers. Les comtes de Chartres, ici comme ailleurs, frappaient leur propre monnaie. C'est ici que se tient le pittoresque marché à la volaille, le samedi matin. A proximité, en direction de la cathédrale, place Billard, a lieu au même moment le marché aux légumes, sur l'ancien emplacement du château des comtes.

A GAUCHE: Le marché aux légumes très actif, place Billard.

CI-DESSOUS: Les rues de Chartres où se tiennent des marchés sont pleines d'animation et attirent à la fois clients et badauds.

CI-DESSUS: *La sculpture qui donne son nom à la Maison du Saumon.*

CI-DESSUS, A DROITE: *La Maison du Saumon, actuellement un restaurant, date du 16e siècle.*

A L'EXTREME DROITE: *Vue aérienne, depuis le Sud, sur la cathédrale.*

La rue suivante, à droite, rue de la Poissonnerie, mène au Tertre de la Poissonnerie où se tenait le marché au poisson et où l'on peut admirer une autre belle maison à colombages de 16e siècle. On l'appelle Maison du Saumon ou Maison de la Truie qui File en raison de deux motifs sculptés sur les poutres qui montrent aussi des anges, une vigne, un papillon, une hirondelle et un faon.

A l'opposé se trouve la rue de la Petite Cordonnerie, puis la rue aux Herbes (= aux légumes, autrefois), qui ramène à la place de la Cathédrale et offre un point de vue spectaculaire sur le côté Sud de celle-ci, avec sa flèche aux admirables proportions, qu'a chantée le poète Charles Péguy (1873–1914), dans sa *Présentation de la Beauce à Notre-Dame de Chartres* (éd. Gallimard):

Un homme de chez nous, de la glèbe féconde,
A fait ici jaillir d'un seul enlèvement,
Et d'une seule source et d'un seul portement,
Vers votre assomption la flèche unique au monde.